Le Parcours

Catalogage avant publication de Bibliothèque et Archives nationales du Québec et Bibliothèque et Archives Canada

Brisebois, Robert, 1961-
Le parcours : la voie de la réconciliation intérieure
ISBN 978-2-89436-406-2
1. Actualisation de soi. I. Titre.
BF637.S4B74 2013 158.1 C2013-941839-3

Nous reconnaissons l'aide financière du gouvernement du Canada par l'entremise du Fonds du livre du Canada (FLC) pour nos activités d'édition.

Nous remercions la Société de développement des entreprises culturelles du Québec (SODEC) pour son appui à notre programme de publication.

Gouvernement du Québec – Programme de crédit d'impôt pour l'édition de livres – Gestion SODEC – www.sodec.gouv.qc.ca

Infographie de la couverture et mise en pages : Marjorie Patry
Révision linguistique : Amélie Lapierre
Correction d'épreuves : Marie-François Sénéchal

Éditeur : Les Éditions Le Dauphin Blanc inc.
Complexe Lebourgneuf, bureau 125
825, boulevard Lebourgneuf
Québec (Québec) G2J 0B9 CANADA
Tél. : 418 845-4045 Téléc. : 418 845-1933
Courriel : info@dauphinblanc.com
Site Web : www.dauphinblanc.com

ISBN : 978-2-89436-406-2

Dépôt légal : 4e trimestre 2013
Bibliothèque nationale du Québec
Bibliothèque et Archives Canada

Imprimé au Canada

Robert Brisebois

Le Parcours

La voie de la réconciliation intérieure

Le Dauphin Blanc

À ma fille Mariannne
Avec tout mon amour

TABLE DES MATIÈRES

Note au lecteur 9

Introduction 11

Les quintiles 17

Premier quintile 21

Deuxième quintile 35

Troisième quintile 51

Quatrième quintile 63

Cinquième et dernier quintile 75

Épilogue 93

Notes personnelles 107

Note au lecteur

J'écris ce livre, car on m'a annoncé l'arrivée prochaine de mon trépas. Il m'a fallu bien des efforts pour achever ce texte. Ce qui ne veut pas pour autant dire que mon *Parcours* personnel soit terminé. Bientôt, je partirai pour un ailleurs. Il m'a paru important de te laisser *Le Parcours* en héritage de façon à ce que tu puisses, toi aussi, profiter de ce qui m'a apporté la joie et la sérénité tout au long de mon propre *Parcours.*

Puisses-tu y puiser les enseignements qui feront de toi un être plus libre et plus aimant. Tel est mon souhait.

J'ai choisi d'écrire ce livre en français, car c'est une langue riche en nuances et en subtilités, ce qui devrait faciliter le travail des éventuels traducteurs.

Tu comprendras qu'il n'y aura pas de suite ni de tome II au *Parcours.* Tout autre écrit s'y référant ou tentant de l'expliquer ou de le démystifier ne sera que vaine tentative n'ayant que des intentions pécuniaires.

Bon *Parcours,*

Robert Brisebois

Très cher lecteur,

Nous vivrons ensemble durant ces quelques pages, c'est pourquoi je me permettrai de te tutoyer. L'intimité que nous construirons, tout au long de cet ouvrage, nécessite ce type de proximité.

Tu t'apprêtes à vivre une expérience qui n'a rien de commun ou d'habituel. Ce livre n'a rien à voir avec un roman. Il n'est donc pas nécessaire que tu le lises d'une seule traite. En fait, il est souhaitable que tu te l'appropries segment par segment, et ce, sur une période de plusieurs jours, voire de plusieurs semaines. Chaque chapitre, chaque page et chaque paragraphe renferment un ou des enseignements qui te seront utiles. À toi d'y plonger à ta guise, d'y revenir selon ton rythme et d'y écrire tes observations de *Parcours.*

Le Parcours, c'est ton *Parcours.* Peu de lecteurs en sont sortis sans avoir subi de changements majeurs dans leur existence, dans leurs valeurs et dans leur perception de ce voyage que l'on appelle la « vie ». Rien, absolument rien de ce que tu y liras, ne te sera inconnu. La science du *Parcours* provient entièrement d'un savoir qui est déjà le tien, mais qui est enfoui au plus profond de toi dans une sagesse qui ne demande qu'à ressurgir. L'objectif ultime du *Parcours*, de ton *Parcours*, consiste à libérer la connaissance, ta connaissance. Avec l'accroissement exponentiel du village *global*, nous en sommes venus à standardiser la connaissance. Plus que jamais, partout sur cette terre, les hommes et les femmes sont soumis au même cursus d'apprentissage, à des programmes d'acquisition de connaissances qui se ressemblent tous. En conséquence, puisque nous savons tous les mêmes choses, nous en arrivons tous à croire aux mêmes choses. C'est sur nos connaissances que nous basons nos croyances, nos certitudes, et toute certitude est un rempart contre la connaissance. Il te faudra donc abattre ces remparts que sont les certitudes, les fausses évidences et les convictions populaires, pour arriver à libérer toute la connaissance intérieure que tu acquerras lors de ton *Parcours.*

Il te faudra de la patience, de la tolérance envers toi et une certaine ouverture pour laisser *Le Parcours* s'imprégner en toi et faire le travail qui est le sien.

Lorsque tu te retrouveras devant le doute ou l'incompréhension, souviens-toi de te faire confiance et de laisser le temps à ton esprit d'assimiler la matière du *Parcours.* La sagesse ne s'acquiert pas à toute vitesse.

Chaque jour de ton *Parcours* sera récompensé par des découvertes. Parfois, celles-ci feront naître des émotions contradictoires qui oscilleront entre la joie, la stupéfaction ou même la colère. Accueille-les comme des compagnes de route qui viendront partager momentanément ton *Parcours.* Elles ont toutes un message à te livrer, si tu sais écouter.

Sois aussi averti que tu ne seras plus la même personne lorsque tu auras complété ton *Parcours.* C'est pourquoi il est possible que la lecture de cet ouvrage te prenne plus de temps que tu le prévoyais. Plusieurs lecteurs n'ont terminé ce livre que pour le recommencer tellement la personne qu'ils étaient, au début de leur lecture du *Parcours*, s'était transformée lorsqu'ils l'ont eu terminé.

Je t'invite dès maintenant à te rendre devant ton miroir et à te regarder pour un premier face-à-face. Dis-moi qui tu y vois. Peux-tu qualifier, décrire, nommer cette personne qui te fait face ? Ce visage, que tu présentes au monde, que dit-il ? Quel est le message que tu projettes ? En es-tu seulement conscient ? Pour bien amorcer ton *Parcours*, prends le temps de répondre à ces questions pour faire le point sur la personne que tu es en ce début de *Parcours.* Sans assises, toute démarche est vaine. Au fur et à mesure que tu chemineras à travers ce livre, tu verras cette image de toi changer, s'enrichir et devenir plus nette et plus complexe. Reviens régulièrement à ton miroir, il est le reflet de ta progression à travers ton *Parcours.*

Le Parcours est un livre à vivre beaucoup plus qu'un ouvrage à lire. Ne saute pas non plus aux conclusions trop hâtivement. Ce que tu découvriras au fil des pages se raffinera, prendra des nuances et te fera voir bien plus d'une facette de la même réalité. L'illusion du savoir s'estompe au fur et à mesure des découvertes.

Bien qu'il ne puisse en aucun cas remplacer une thérapie avec un professionnel de la santé mentale ou se substituer à une médication savamment prescrite, *Le Parcours* est un outil fort utile pour les personnes qui vivent des épreuves telles qu'une dépression, des troubles paniques ou de l'angoisse chronique. Elles y trouveront des pistes pour cohabiter plus facilement avec ces états de perturbation de leur santé quotidienne.

Le Parcours, c'est un cadeau que tu te fais. Inutile de le déballer précipitamment, tu risquerais de confondre la forme et le fond. Traite-le avec délicatesse et amour, il te le rendra au quintuple.

LES QUINTILES

Le *Parcours* est divisé en cinq parties que nous appellerons « quintiles ». Ils sont alignés sur les cinq éléments de base de l'Univers et sur les cinq sens qui te permettent d'appréhender ces éléments et d'interagir avec eux. Il n'y a rien de religieux ou de mystique dans *Le Parcours.* Tu pourras y déambuler au gré de ta foi ou de ton absence de croyance religieuse. *Le Parcours* est d'abord et avant tout une expérience spirituelle et physique qui te permettra de te réaligner et de croître au gré des quintiles. Bien que ceux-ci soient interreliés, tu découvriras rapidement que certains quintiles, plus que d'autres, nécessitent une plus grande part de travail personnel pour t'acquitter convenablement de ton *Parcours.* Je te conseille donc de te familiariser rapidement avec la symbolique de chacun des quintiles (chaque quintile a un symbole) pour que tu puisses les intégrer physiquement à ton *Parcours* en apposant ces symboles à divers endroits de ton quotidien.

Pourquoi cinq ? *Le Parcours* est ainsi divisé de façon à ce que tu puisses rapidement t'y créer des repères et, comme il s'aligne à la fois sur la nature et sur tes propres sens, ces repères t'apparaîtront rapidement comme des voies simples et naturelles à suivre et à observer. Tu as aussi cinq doigts, et l'une des façons les plus simples de te rappeler la progression de ton *Parcours* est d'enfiler un anneau au doigt correspondant au quintile dans lequel tu progresses. Ce pourrait aussi être une simple cordelette nouée ou une marque au stylo que tu te feras sur le doigt correspondant. Tu verras, cet aide-mémoire, ce rappel t'aidera grandement à centrer ta progression tout au long de ton *Parcours.*

PREMIER QUINTILE

L’eau – le sens du goût – la parole

PREMIER QUINTILE

L'eau – le sens du goût – la parole

L'eau est la mère de toute vie. Il est donc normal que ce soit le premier quintile. Ne sommes-nous pas constitués d'environ 70 % d'eau ? L'eau joue donc un rôle primordial dans ce que nous sommes. Nous avons grandi dans l'eau à l'état fœtal et, instinctivement, de tout temps, l'eau a fasciné l'être humain. C'est par l'eau que toute personne devient porteuse, car l'eau est porteuse de toute vie. Accepter de boire de l'eau, tout simplement, est un acte d'humilité qui affirme que tu te contentes de l'essentiel, sans additif ni superflu, pour traverser ton *Parcours.* Redécouvrir le goût de l'eau, la soif de simplicité, c'est participer à une expérience de privilégié, car à peine 30 % des humains ont accès à de l'eau potable à volonté, même si notre planète est composée à 70 % d'eau. Réapprends à faire un avec l'eau. Aie toujours un verre d'eau avec toi. L'eau nettoie les impuretés et élimine en toi tout ce qui entrave ta progression tant physique que mentale. Tu as peut-être déjà rencontré, dans ton entourage, des personnes qui boivent toujours de l'eau en toute occasion et en tous lieux. Ces personnes ont sans doute déjà franchi leur *Parcours.* Remarque leur sérénité, l'éclat de leur regard et de leur teint. Tu comprendras peut-être mieux leur humour.

Tu dois aussi apprendre à connaître ton point d'eau. Lorsque tu es en recherche, lors de toute quête, quand tu as le goût d'apprendre, tu es dans le quintile de l'eau. On pourrait affirmer que tu as soif de savoir. Dans la sécheresse de la vie d'aujourd'hui, peu d'entre nous ont accès à un point d'eau, à un lieu de ressourcement. Pourtant, l'eau, c'est l'inspiration, la créativité, la capacité de transmettre à la fois un message et la vie. Dans ce premier quintile, je t'invite à trouver ton point d'eau, c'est-à-dire un endroit physique et réel que tu choisiras et où tu pourras retourner aisément chaque fois que tu en auras besoin. Un lieu, un havre où tu pourras observer l'eau dans tous ses aspects de tranquillité ou de fougue. Notre quotidien rempli de bruits et de machines nous a séparés de l'eau, nous privant ainsi de l'inspiration qu'elle peut nous apporter et de l'aspect méditatif qu'engendre le simple fait d'être à proximité d'un cours d'eau. Fais-en dès aujourd'hui l'expérience. Pars à la recherche de ton point d'eau et accorde-toi un moment d'intimité avec celui-ci. En te rapprochant ainsi de la matrice universelle et en t'appropriant un point d'eau personnel, tu te donnes accès à un océan de sérénité et à des moments de solitude qui deviendront chers à ton cœur avec le temps. Une fois sur place, installe-toi à ta guise, aussi souvent que tu le désires ou le peux, et écoute. Écoute ce que l'eau, ton eau, a à te dire. Idéalement, tu devrais pouvoir t'y immerger. Plusieurs rites religieux utilisent l'immersion dans leur symbolique de renaissance. Si tu le peux, choisis un lac, une rivière ou idéalement la mer pour cette expérience unique. Inutile de nager. Contente-toi d'y entrer en entier et laisse l'eau te porter, te livrer son message. L'énergie que tu y puiseras est incommensurable. Tu sentiras le rythme réel de la vie s'immiscer en toi et ta soif de faire un avec l'Univers sera épanchée.

L'eau est source d'inspiration. Que tu redécouvres le goût de l'eau, que tu sois en présence de ton point d'eau ou immergé dans l'eau, laisse l'inspiration entrer en toi, la vie et le savoir se frayer un chemin vers ce que tu as à transmettre, vers ce que tu as maintenant le goût de vivre et de dire.

Le premier quintile est aussi celui de la parole. Élément par excellence de la transmission, c'est par le verbe que tu agis sur le monde qui t'entoure. L'esprit intrinsèque de l'eau, l'appropriation de ton point d'eau, fera jaillir en toi l'importance de la parole juste et pacifique. Lorsque tu ressens de la colère ou des contrariétés et que des forces intérieures t'appellent à la destruction plutôt qu'à l'harmonie, c'est que tout ton être est en déséquilibre par rapport au quintile de l'eau. En puisant dans ton point d'eau, tu trouveras la sérénité pour vaincre ces émotions et l'inspiration qui te donnera les outils pour avoir une parole dont tu seras fier. Chaque parole est unique, car chaque parole est porteuse. Comme l'eau. Et le pouvoir extraordinaire des mots est millénaire. À titre d'exemple, jusqu'à environ huit cents ans avant Jésus-Christ, les Égyptiens croyaient que les mots étaient des dieux et qu'ils avaient, par leur existence, un pouvoir qui allait jusque dans l'au-delà. Les prononcer équivalait à leur donner réalité, et les mettre par écrit les avalisait pour l'éternité. Dans la littérature dite fantastique, les mots ont souvent des pouvoirs magiques et leur association crée des formules qui peuvent avoir un ascendant sur le réel. Bien que tout cela soit pure imagination, il n'en demeure pas moins que les auteurs de ces textes avaient pressenti le pouvoir bien tangible des mots. Il ne s'agit pas, non plus, d'une forme de programmation. Le pouvoir du premier quintile est beaucoup plus subtil que cela. Tu aurais beau te répéter mille fois par jour que tu es noir, si tu ne l'es pas, la couleur de ta peau ne changera jamais. Ce ne sont pas les mots qui ont un pouvoir, mais bien l'utilisation judicieuse que tu en fais.

Si j'écris ceci : « Une femme sur un cheval blanc », ton esprit se construit une image à partir de ces mots en fonction des informations qu'il a reçues et que tu traduis en concepts et en sensations. Mais que se passe-t-il si j'écris ce qui suit : « Une femme *aimée* sur un cheval blanc » ? Tu constates alors que toute l'information traitée par ton cerveau prend une forme entièrement différente. Ce n'est plus la même femme. Tout à coup, il y a un contexte, la femme n'est plus seule dans son univers, il y a une interaction que ton cerveau a décelée quelque part. La situation se complexifie. Tout cela en fonction du poids de la signification du mot *aimée*; signification qui t'est propre et qui n'est jamais tout à fait identique d'une personne à l'autre. Ce *aimée*, c'est ton *aimée*, avec la charge personnelle que tu lui prêtes. Pourtant, ce n'est qu'un petit mot de plus, du moins, en apparence.

Le mot qui revient le plus souvent dans ta vie est, sans conteste, ton prénom. Quelle relation as-tu avec ce mot unique qui te définit ? Est-ce qu'il te ressemble ? En as-tu déjà cherché la signification ? Généralement, chaque prénom a une charge significative. Par exemple, *Linda* signifie « belle » en espagnol, *Philippe* signifie « celui qui aime les chevaux » en grec, *Lucie* signifie « lumière » en latin, et ainsi de suite. Les prénoms sont des totems, des porteurs de messages. Il est donc souhaitable que tu connaisses la portée de ce mot que l'on a choisi pour t'identifier. Comme *Le Parcours* est un processus de renaissance, le quintile de l'eau t'invite à redéfinir ce totem qui est le tien et à te l'approprier. À toi de te « totémiser ».

Quand quelqu'un t'interpelle par ton prénom, que dit-il ? À quelle qualité fondamentale te ramène-t-il ? Si ton prénom n'a aucune signification spécifique pour toi, il est temps de lui en donner une. Crée ton propre synonyme. Identifie les deux valeurs fondamentales qui t'animent et accole-les à ton prénom. Par exemple, si ces deux valeurs sont pour toi la loyauté et le courage, apprends à entendre loyauté-courage quand quelqu'un dit ton prénom. Deviens loyauté-courage puisque c'est ce que tu es. Tu en as le pouvoir et la capacité. Ton prénom est un mot et chaque mot est porteur de son essence. À toi de définir l'essence de ton prénom en fonction de ce que tu entends intérieurement lorsqu'on le prononce. Cette réappropriation de ton identité te fera avancer très rapidement dans le quintile de l'eau et à travers tout ton *Parcours.*

Tout ton cheminement à travers le quintile de l'eau repose sur ta capacité de prendre conscience des mots que tu choisis pour t'exprimer et des concepts qui guident et accompagnent ta vie. En vérité, nous pensons comme nous parlons. Ce sont les mots et les concepts qui guident notre pensée et non pas le contraire. Tu viens à peine d'intégrer la notion de quintile et tu es désormais transformé par celui-ci. Oui, déjà. Maintenant que tu as été familiarisé, ne serait-ce qu'un tout petit peu, avec la notion de quintile et avec son premier symbole, tu poursuis ton *Parcours* avec une notion de plus en toi qui te fait voir la vie d'une façon subtilement différente et peut-être même plus complète.

De quoi as-tu envie, de quoi as-tu le goût d'être porteur ? Bien avant tes gestes, tes paroles témoignent de ton message. Prends le temps de peser chacune de celles-ci. Ce sont les discours de nos dirigeants, à travers les âges, qui nous ont menés à la paix ou à la guerre. Toutes les fois où tu t'adresses à quelqu'un ou chaque fois que tu te parles intérieurement, c'est tout ton univers que tu modèles au gré des mots que tu choisis pour transmettre ce que tu es ultimement. Le quintile de l'eau dans ton *Parcours* t'invite à mettre au premier plan ton rôle de transmetteur et d'agent de changement dans ton univers en choisissant précisément chacun de tes mots. Non, tu n'es pas qu'un passager ou un spectateur dans cette vie. Bien au-delà, tu es un messager! En prenant conscience de cette mission confiée à chacun de nous par le quintile de l'eau, tu découvres à quel point tu es important pour ceux qui t'entourent et tu comprends que la teneur de ton message détermine ultimement le sens que tu veux donner à ta vie.

Prends également conscience du pouvoir de ta voix. Comment transmets-tu ce message que tu désires livrer ? Écoute-toi parler. Quel est ton rythme ? Quand tu t'adresses à autrui, ton premier *médium*, bien avant les mots, est ta voix. Les personnes qui ont la voix grave sont perçues généralement comme étant intelligentes et censées. Le stress, pour sa part, a la propension de nous faire parler sur une note plus aiguë. Alors, écoute-toi. Prends conscience de tout le non-verbal qui accompagne tes mots. Fais en sorte que ceux-ci coulent aisément et qu'ils soient en harmonie avec ce que tu désires transmettre comme ultime message. Nous voulons tous être écoutés, encore faut-il donner à nos allocutaires une raison valable et agréable pour ce faire. Respire, ajuste ton rythme et ta tonalité de façon à donner à chacun des mots son poids réel d'importance et de signification. C'est un exercice difficile qui peut parfois paraître long avant de pouvoir obtenir des résultats tangibles. Tu parles sans doute sans vraiment porter attention à ta voix depuis ta naissance. Mais les résultats te surprendront. Tu verras tes proches changer d'attitude et porter davantage de valeur à chacune de tes interventions. Plus ta voix sera en synchronisme avec ton message et plus ton message sera entendu, partagé. C'est ce que l'on appelle la « loi de l'euphonie ».

Le pouvoir du premier quintile, le pouvoir de l'eau et de la parole, c'est le pouvoir de transmettre, d'enseigner. Trouve ton point d'eau, apprends à l'écouter, à te laisser inspirer par lui. Tu deviendras un puits où tes semblables viendront s'abreuver, où tes paroles seront source de paix et de sagesse à condition que tu reconnaisses la portée et le pouvoir créateur de chacune de tes paroles.

L'eau – le sens du goût – la parole
Le pouvoir de créer et de transmettre

TES REPÈRES

dans le quintile de l'eau

- Redécouvre le goût de l'eau.
- Trouve ton point d'eau.
- Laisse l'inspiration entrer en toi.
- Actualise ton prénom.
- Reconnais que chaque parole est unique, car chaque parole est porteuse.
- Admets que nous pensons comme nous parlons.
- Prends conscience du pouvoir de ta voix.

L'eau – le sens du goût – la parole
Le pouvoir de créer et de transmettre

DEUXIÈME QUINTILE

La terre – le sens tactile – les mains

DEUXIÈME QUINTILE

La terre – le sens tactile – les mains

Le deuxième quintile est celui de la terre. C'est le quintile de la régénération. La terre a cette propriété unique de provenir d'elle-même et de retourner à elle-même. Si l'eau est mère de toute vie, la terre, elle, est notre mère à tous. Chacun des humains a une mère, mais aucun ne la possède. C'est la même chose quant à la terre. On peut habiter, occuper la terre sans jamais pour autant la posséder. Quoi qu'on en dise, la terre est à tout le monde et nous rend ce que nous lui donnons. Chaque espace de terre mutilé, asphalté ou industrialisé nous prive d'une parcelle de vie et nous éloigne de la renaissance. Dans son cycle de régénération constante, la terre, le sol est composé de végétaux en décomposition où iront se déposer les semences d'autres plantes qui grandiront puis mourront pour se décomposer et former une nouvelle couche de terre, et ce, à l'infini. C'est cette leçon que tu as à tirer du quintile de la terre. Nulle mort n'est vaine et par celle-ci arrive la pérennité. La terre nous est donnée pour que nous puissions mettre à l'œuvre nos capacités de transformation. Encore pour cela faut-il savoir se marier avec elle, s'inclure dans le processus de régénération constante.

₸

Attention à la douleur, elle est mauvaise conseillère. Il est faux de prétendre que la souffrance fait grandir. Au contraire. Celui qui souffre se recroqueville sur lui-même et cesse de croître, de s'épanouir. Centré sur sa douleur, il se coupe du monde, des autres, car la douleur isole celui qui souffre. La souffrance ne t'apprendra que la souffrance. C'est justement grâce au *Parcours* que tu pourras alléger tes souffrances et trouver le chemin de l'épanouissement. Il n'y a que les gens heureux, en paix avec les différents quintiles, qui marchent sur le chemin de l'épanouissement.

Ŧ

La relation au quintile de la terre passe immanquablement par le sens tactile. C'est avec tes mains que tu renoueras contact avec celle-ci et par tout ton corps que tu avanceras dans ton *Parcours* à travers ce quintile. Nous nous sommes, comme collectivité tout comme individu, éloignés de cet élément et de sa dimension. Je t'épargne le discours écologique que tu connais trop bien pour te proposer plutôt un regard physique et spatial du quintile de la terre. J'entends spatial, ici, dans le contexte d'espace physique terrestre et non pas d'espace interplanétaire. Restons sur Terre. Pour te rapprocher de la terre, je t'invite, dans un premier temps, à t'éloigner de la ville. Dès que tu en auras l'occasion, quitte la ville pour la campagne et trouve un endroit plat où ton regard se perd dans l'horizon. Ce pourrait être un champ, une prairie, des vallons… Puis, quitte ton véhicule et laisse l'espace t'envahir. Reprends contact avec l'immensité de la Terre. Regarde-la comme tu devrais toujours la voir dans sa véritable dimension horizontale. C'est le quintile de la terre qui t'ouvre ses horizons, qui te rappelle que tes frontières sont beaucoup plus vastes que les murs perpendiculaires de ton quotidien. Tout cela t'est offert sans t'appartenir. C'est là ton véritable milieu, ton espace de régénération en harmonie avec ton *Parcours.* Tout comme tu l'as fait avec l'eau, écoute la terre, ta terre. Laisse-la te rappeler tes racines d'être vivant formant un tout avec ce qui renaît constamment. Confie-lui tes deuils, tes petites morts, tes échecs. C'est dans cette vastitude que tu découvriras le véritable sens de continuité de celle-ci. L'infini fait peur parfois, c'est pourquoi plusieurs préfèrent se confiner dans des espaces clos. De cette façon, les détails insipides du quotidien prennent de fausses dimensions et corrompent ta capacité à renaître, prenant toute la place dans ton espace mental. Redécouvrir la terre avec son vrai visage, c'est également retrouver l'infini qui est en toi et par lequel toute ta vie carbure. Chaque fois que tu doutes, la terre est là pour te réaligner sur l'immensément grand qui gît au fond de toi.

C'est par le contact physique, réel, avec la terre que tu pourras trouver le vrai sens du quintile de la terre dans ton *Parcours.*

S'il t'arrive parfois d'avoir l'impression de perdre tes repères, de vivre de sérieuses angoisses ou de chercher sans jamais trouver de réponse, c'est que tu t'es éloigné du quintile de la terre. Il est temps, à ce moment-là, de refaire ta prise de terre. Déchausse-toi, retire tes souliers et tes bas et va marcher directement sur le sol, dehors. Marche lentement, ne va nulle part. Concentre-toi sur la sensation que tu éprouves en renouant directement, physiquement avec la terre. Tu auras peut-être l'impression de manquer d'équilibre. C'est tout à fait normal. La force vivante qui se dégage du sol, de ta terre, a trop longtemps été coupée de ta personne par la course de la vie. Cesse de marcher et plante tes pieds fermement dans le sol, là où tu auras trouvé un espace agréable. Puis, respire. Laisse la paix et la vie s'infiltrer en toi. Ce que la terre offre aux plantes, aux arbres et à tout ce qui est vivant, elle te l'offre aussi à toi, naturellement, gratuitement. Tu observeras immédiatement un changement dans ton rythme cardiaque et ta vue te semblera plus claire. Les bienfaits du quintile de la terre sont immédiats. Dès ce moment, les impressions de doute ou d'angoisse que tu ressentais commenceront à s'estomper et à se relativiser. Ce n'est pas de la magie, ce n'est que le pouvoir de la terre que tu avais négligé dans ta course verticale. Mais la force du quintile de la terre ne s'arrête pas là. Au moment où tu seras envahi par le doute, où les événements de ta vie te sembleront stériles ou voués à l'impasse, pousse cette expérience de renouement avec la terre en la saisissant à pleine main. Penche-toi, assieds-toi par terre et prends une poignée de terre dans ta main. Prends-en dans tes deux mains. Comme tu le faisais quand tu étais enfant. Redécouvre la texture de la terre, sa simplicité faite de petites morts et de parcelles infinies de vie. Hume-la. Unis-toi à la terre. Tu peux même t'étendre sur le sol et te laisser bercer par son souffle perpétuel, comme la mère qu'elle est. Laisse-la briser ton rythme, te consoler. Tu seras surpris par les émotions qui jailliront en toi. Des sensations oubliées, enfouies dans une mémoire collective qui appartient de concert à l'homme et à la terre. Toi qui étais détaché de toi-même, tu auras soudainement la totale certitude d'exister, car c'est en étant touché dans son corps que toute personne retrouve la conviction d'être pleinement vivante. Le quintile de la terre a pour fonction de redonner la vie partout où elle défaille, et ce, dans tous les aspects du vivant. Ce message passe inéluctablement par la dimension corporelle de ta personne et n'a rien à voir avec le mental ou avec ta capacité à intellectualiser. Je te l'ai dit dès le départ, ton *Parcours* est à la fois une expérience physique et spirituelle. Il est absolument impossible de dissocier l'une de l'autre. C'est par les découvertes issues de tes sens que tu seras en mesure de cheminer dans ton *Parcours* et de renouer en harmonie avec chacun des quintiles. Pour expérimenter, il faut accepter de vivre. Tu peux aussi t'aligner sur le quintile de la terre par une activité plus banale en apparence. Va planter un arbre. De cette façon, tu seras aussi en contact avec la terre, tu la manipuleras et tu procéderas à quelque chose d'utile, de joli et de concret. Imagine l'impact extraordinaire sur l'environnement qu'engendrerait la plantation d'un seul arbre par chaque personne qui en a la capacité! Fais autant de ce travail que tu le peux avec tes mains. Sers-toi le moins possible d'outils. En allant chercher et choisir un arbrisseau dans un sous-bois, en le rapportant chez toi, en lui désignant un espace et en le plantant, tu accompliras la majorité des étapes proposées plus haut. En plus, tu t'approprieras un élément de la chaîne de régénération continue du quintile de la terre. Ce sera ton arbre comme tu as déjà ton point d'eau. Chaque fois que tu le regarderas, tu renoueras avec l'immensité et ta participation à sa croissance te rappellera qui est notre mère : le quintile de la terre. Il n'y a pas meilleure façon de retrouver la paix et la vie. C'est à la fois une contemplation, une méditation et une expérience physique.

Pour parfaire ton *Parcours* à travers le deuxième quintile, tu dois aussi apprendre à toucher, car le quintile de la terre, c'est aussi celui du sens tactile. Je te l'ai dit plus tôt, être touchés nous confirme que nous sommes vivants. Certains poupons oubliés dans des orphelinats meurent de ne pas avoir été suffisamment touchés, même si on leur a prodigué les soins nécessaires pour les maintenir en vie, comme une nourriture adéquate et une hygiène régulière. Ces enfants trépassent à cause de l'absence de contacts tactiles, physiques. C'est dire à quel point le quintile de la terre est essentiel à la vie! Pourtant, notre mode de vie restreint constamment les contacts corporels. À quand remonte la dernière fois où tu as pris quelqu'un dans tes bras? Notre société que l'on dit hypersexualisée tolère mal les contacts physiques. On verrait mal un patron serrer l'un de ses employés dans ses bras sans motifs indéniablement apparents, comme un anniversaire. Pourtant, nous réfrénons tous ce type d'élans en fonction de notre éducation ou des principes sociaux par peur du message éventuellement retenu par celui ou celle qui reçoit cette étreinte, même si la proximité est essentielle à la vie. C'est une tendance viscérale, un élan vital. Observe à quel point nos animaux domestiques recherchent la proximité, le contact physique plein et entier entre eux ou avec leur maître. Regarde les oiseaux domestiques ou sauvages se regrouper, se serrer les uns contre les autres. Bien sûr, nous ne sommes pas des animaux. Alors, note bien le comportement des jeunes enfants, remarque à quel point leur espace vital est beaucoup plus réduit que celui des adultes. C'est qu'ils n'ont pas encore développé ces inhibitions qui sont les nôtres.

Malheureusement, nous ne pouvons pas refaire nos codes de vie en commun et il faut en accepter les restrictions. Mais quel est le véritable message qui se cache derrière ce désir et ce besoin de contacts physiques ? La prise de contact avec le réel par notre sens tactile nous rassure et nous assure de notre unicité. Elle dit : « Je suis là, ici. » C'est la plus forte prise à la terre qui soit. Quand je réconforte quelqu'un par une étreinte, je lui dis : « Je suis là, ici, pour toi et tu es aussi ici avec moi. » C'est un arrêt dans le temps et dans le mouvement de la vie qui nous ramène au strict ici-et-maintenant. D'ailleurs, il n'est pas rare d'entendre des amants dire qu'ils perdent la notion de durée pendant leurs ébats amoureux. Centrés exclusivement sur l'aspect tactile, physique de leurs rapports, ils s'ancrent tellement dans l'ici-et-maintenant que ces deux notions se distendent pour se perdre dans un perpétuel recommencement. Ils sont au centre du quintile de la terre.

Ŧ

Beaucoup de choses nous éloignent du quintile de la terre, ce qui rend la réussite de notre *Parcours* plus hasardeuse si nous n'y portons pas attention. Il faut donc provoquer des rapprochements. Je t'invite donc, ce soir, à prendre l'être aimé dans tes bras, sans pour autant chercher à amorcer un rapport sexuel. Une fois au lit, enlace la personne aimée en créant le plus de proximité possible entre vous et maintiens cette position jusqu'à la limite de tes capacités ou de celles de la personne avec qui tu es. Sois clair quant à tes intentions pour ne pas créer de malaise ou de malentendu. Et maintenant, sois à l'écoute de ce que ton corps te dit et de ce que dit le corps de l'autre. Tu seras sans doute surpris, après un moment, de te sentir rassasié. Comme si tu avais assouvi une soif longtemps négligée. Tes sentiments vont sans doute t'apparaître avec plus de clarté. Même tes choix apparaîtront plus nets par rapport aux éléments qui les ont motivés. Si tu as réussi à t'aligner sur le quintile de la terre, tu trouveras une grande beauté dans cette étreinte, une renaissance de tendresse partagée. C'est une séance d'ici-et-maintenant gratuite que tu t'offres. Vois jusqu'à quel point tu peux vivre sans malaise dans cette posture physique de proximité totale. Les couples qui pratiquent ce genre de rapprochements vont généralement développer un niveau d'intimité qui les accompagnera dans tous les autres aspects de leur vie. C'est une forme de « don gratuit » qui peut être répété aussi souvent que nécessaire. Même de façon quotidienne, elle ne devient jamais banale. C'est évidemment plus difficile si tu n'es pas en couple, mais c'est une très bonne façon de régénérer une relation qui bat de l'aile.

Celui qui passe son temps à faire la nomenclature de ses erreurs passées ne fait qu'en ajouter une à sa liste. Le passé est de roc, immuable. Le futur est de sables mouvants, sans réelle substance et plein de pièges pour celui qui s'accroche à ce qui n'arrivera peut-être jamais. Il n'y a que le présent, fait de terre, qui assure une prise suffisamment meuble pour pouvoir te permettre de t'adapter aux divers aléas de ta vie. Fais confiance à ta prise de terre, fais-la tienne.

Que souhaites-tu voir renaître dans ta vie? Quelles sont les régénérations qui s'imposent? En te réalignant sur le quintile de la terre, tu retrouveras la vie et la sérénité. Ceux qui t'entourent t'admireront pour tes conseils judicieux et ton détachement par rapport à la course folle de l'existence. Ton *Parcours* à travers le quintile de la terre te permettra de distinguer le « futile » de l'essentiel. Tu reprendras contact avec la parcelle d'infini et de perpétuel recommencement qui habite en toi.

Le pouvoir du quintile de la terre, c'est celui de la régénération et du réconfort dans la certitude d'exister pleinement.

La terre – le sens tactile – les mains
Le pouvoir de la régénération et du réconfort

TES REPÈRES

dans le quintile de la terre

- La terre rend ce qu'on lui donne.
- La douleur est mauvaise conseillère.
- Écoute la terre.
- Refais constamment ta prise de terre.
- Prends une poignée de terre dans ta main, redécouvre la texture de la terre.
- Apprends à toucher.
- Sois à l'écoute de ce que ton corps te dit.

La terre – le sens tactile – les mains
Le pouvoir de la régénération et du réconfort

TROISIÈME QUINTILE

Le feu – la vue – les yeux

TROISIÈME QUINTILE

Le feu – la vue – les yeux

Nous en sommes déjà au troisième quintile. Cela signifie que tu arrives au centre de ton *Parcours.* Il est très important que tu aies complété avec soin les deux premiers quintiles pour accéder à celui-ci. Le quintile du feu en est un très subtil qui exige un travail sur soi peu commun. Plusieurs personnes ont dû revenir sur le quintile du feu une fois leur *Parcours* complété. Et c'est tout à fait compréhensible. Tous les quintiles sont interreliés et nous font découvrir des aspects inexplorés des précédents. Prends aussi conscience que ta perception du réel et de toi-même se transforme au fil de ta lecture et de ton expérimentation du *Parcours.* Ne sois donc pas trop exigeant envers toi-même.

ᚠ

Toute lumière est feu. Le soleil, qui nous éclaire et nous réchauffe, n'est rien d'autre qu'une immense boule de feu qui a la propension d'être juste assez loin de nous pour permettre la vie sur Terre sans tout consumer. C'est le feu qui a permis à l'homme d'être l'animal civilisé qu'il est aujourd'hui et c'est lui qui continue à jouer ce rôle en toi. Le feu qui t'anime n'est qu'une projection intérieure du feu universel qui attise toute chose, tout être vivant. Nous avons une attirance physique et sociale pour le feu. Depuis la nuit des temps, le feu réchauffe, rassemble et nous protège par sa lumière qui repousse les ténèbres. Remarque à quel point les individus se réunissent autour d'un feu et constate à quel état d'esprit celui-ci nous incite. Le feu est souvent associé au sentiment rassurant du rassemblement, à l'instinct grégaire.

Le quintile du feu, c'est celui de la lumière, celle qui te permet de contempler ton univers intérieur et extérieur tel qu'il se présente dans toute la subtilité des images. Or la vue est un sens qui ne fait aucune ségrégation. L'œil voit tout, enregistre tout sans se soucier de l'impact que toutes ces images auront sur toi. Il faut donc réapprendre à voir en fonction du quintile du feu. « La beauté est dans les yeux de celui qui regarde », a écrit Oscar Wilde, et il ne croyait peut-être pas si bien dire. En effet, lorsque tu regardes quelque chose qui te plaît, ton iris s'agrandit. C'est une réaction physique involontaire. Lorsque tu regardes une personne que tu aimes ou de qui tu voudrais être aimé, ce sont tes yeux qui parlent les premiers. Bien avant que tu n'aies prononcé un mot, ton iris s'agrandit et ton regard se remplit d'une lumière unique qui révèle tes intentions. C'est tout ton corps qui exprime ainsi son désir de recevoir encore plus de cette lumière qui l'enchante.

Malheureusement, ces lumières enchanteresses ne sont pas légion. Tu es quotidiennement harcelé par ce que tu vois sans même vraiment le regarder. Combien d'images négatives as-tu vues aujourd'hui sans y avoir porté attention ? Combien de meurtres, d'agressions, d'humiliations as-tu vus à la télévision cette semaine ? Cette année ? Notre histoire personnelle est bombardée d'images non sollicitées qui finissent par nous donner une vision torse de la réalité. Il te faut donc faire le plein de beauté, et ce, chaque jour, de façon à compenser ce flot d'images tragiques qui t'assaille quotidiennement. Fais en sorte que tes pupilles se dilatent. Tu peux choisir la façon dont tu regardes ton univers.

Plusieurs d'entre nous prennent le temps d'écouter de la belle musique. Il faut apprendre à faire de même avec les images. Je t'invite maintenant, de façon à t'aligner sur le quintile du feu, à créer ta propre galerie de beautés. Prends le temps de couvrir tes espaces de vie d'images inspirantes dans lesquelles tu redécouvriras une beauté nouvelle chaque fois que tu les contempleras. Même sans les regarder, ton œil, lui, les verra et il transmettra un bref message de paix et de beauté à tout ton être. La beauté, tout comme la lumière, peut être partout. Il s'agit de lui donner la place qui lui revient pour en tirer les bénéfices. Tout ce qui est beau attise la flamme de vie et incite à prendre part à cette beauté. Va chercher la beauté là où elle est.

Nous sommes tous des créateurs de beauté à condition d'y mettre les efforts et le temps pour renoncer consciemment à la laideur imposée. Chaque individu qui cherche à améliorer son monde souhaite y voir plus de lumière, plus de beauté. Il est impossible de trouver laid ce que l'on aime, et on aime à l'avance ce qui est beau. Ta galerie de beautés attisera le feu de tes désirs profonds et de tes passions et te donnera soif d'encore plus de beauté. C'est l'une des vocations du quintile du feu.

Vivre le passage à travers le quintile du feu, c'est identifier ton désir ultime, ta motivation profonde pour vivre. Tu es invité, ici, dans ton *Parcours*, à reconnaître ce feu qui brûle en toi. Ouvre ton regard intérieur sur ta vie et affronte en pleine lumière cette passion qui est tienne, cette idée maîtresse qui irradie au plus profond de toi et avec laquelle tu

« transiges » chaque jour, car, en somme, nous ne cherchons pas dans la vie à réaliser nos rêves, mais bien à réaliser notre réel.

Au début de ta vie, lorsque tu étais encore un tout jeune enfant, tu as fait une découverte qui t'a profondément bouleversé. Tu as réalisé que tu ne faisais pas un avec le reste de l'Univers et que l'autre existait en retrait de toi-même. Tu as fait ta première expérience du « je ». Ce fut le début de la construction de ton identité personnelle. À partir de ce jour, tu as commencé à vouloir exercer une influence sur les autres puisque les autres avaient aussi une influence sur toi. Pour la première fois, tu as expérimenté ton pouvoir de choisir. Tu es devenu capable de faire des choix dans le but d'obtenir d'autrui un résultat escompté. Tu pouvais faire en sorte de plaire ou de déplaire aux autres, consciemment. Tu as constaté que tu étais différent des autres, que tu étais unique. Mais être différent implique un risque. À partir du moment où tu exerces des choix, tu dois en assumer les conséquences. Et l'ultime conséquence demeure d'être ou de ne pas être aimé en réponse à ces choix.

Tout individu aspire à être unique et souhaite être reconnu dans cette unicité. Comme chaque étoile qui brille, perdue dans la pléiade du firmament, il fait irradier sa lumière propre, ni plus grande ni plus forte que les autres, mais simplement unique. À partir de ce moment, se sachant différent, il s'expose au risque de déplaire, de ne pas être aimé. Ce conflit intérieur, cette ambivalence l'accompagnera toute sa vie. Demeurer unique tout en conservant l'affection d'autrui : voilà la passion double qui nous anime tous autant que nous sommes. C'est la subtilité du quintile du feu. Apprendre à aimer et à être aimé sans renoncer à son identité, à son unicité. Du moment où tu prends conscience que chaque moment de ta vie, que chacun de tes choix est motivé par ce besoin de t'aimer toi-même, d'aimer autrui et d'être aimé par les autres, tu réalises la force du quintile du feu, la puissance de l'amour. Tu es différent et tu veux que l'on t'aime pour cette différence. Perdre ton unicité, c'est perdre ta valeur, ta propension à être aimé. Et, pourtant, c'est parce que tu es unique que tu seras ou ne seras pas aimé. Toutes les autres motivations de vie ne sont que des masques qui dissimulent cette ultime passion qui est de vouloir être aimé pour ce que tu es.

ᚠ

Le quintile du feu nous oblige à reconnaître que nous sommes d'abord et avant tout des êtres aimants ne vivant que pour un seul but, celui d'être aimés pour ce que nous sommes. Fais la liste de toutes les choses et de toutes les personnes que tu aimes puis compare-la à la liste de ce que tu n'aimes pas. Tu seras obligé de constater que la première liste est beaucoup plus longue que la seconde parce que tu es un être d'amour et que c'est ce feu permanent qui brûle en toi qui engendre ta différence. Tu es unique parce que tu aimes et tu es aimé en fonction de ton unicité. Dire « je t'aime », centrer tes efforts sur ce que tu aimes, te préoccuper de ceux que tu aimes, reconnaître que tu aimes, c'est ce que t'enseigne le quintile du feu dans ton *Parcours.*

ᚠ

Le pouvoir du quintile du feu, c'est celui de la vérité, de la beauté et de l'amour qui s'expriment et se propagent grâce à ton unicité.

Le feu – la vision – les yeux
Le pouvoir de la vérité, de la beauté et de l'amour

TES REPÈRES

dans le quintile du feu

- Ta perception du réel et de toi-même se transforme.
- Fais le plein de beauté et de vérité chaque jour.
- Réalise ton réel.
- Apprends à aimer et à être aimé sans renoncer à ton identité, à ton unicité.
- Nous sommes d'abord et avant tout des êtres aimants.

Le feu – la vision – les yeux
Le pouvoir de la vérité, de la beauté et de l'amour

QUATRIÈME QUINTILE

L'air – l'olfaction – le nez

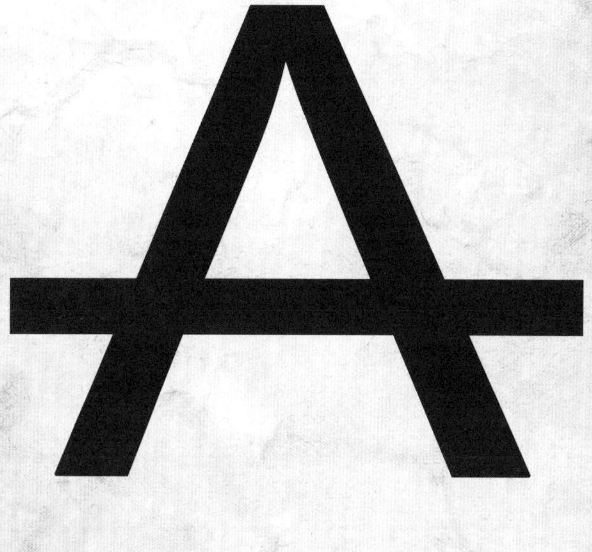

QUATRIÈME QUINTILE

L'air – l'olfaction – le nez

Tu es un être d'air. Tu peux vivre plusieurs jours sans manger, quelques jours sans boire, mais à peine deux ou trois minutes sans respirer, sans air. Ta propre naissance s'est exprimée dans ton premier souffle. Tu respires sans même y porter attention grâce à un système involontaire et complexe qui te maintient en vie. C'est bien là tout le dilemme du quintile de l'air. Dans le rythme effréné de ta vie, tu oublies régulièrement de respirer. Reprendre son souffle est, de loin, la façon la plus simple de prendre une pause, de prendre du recul par rapport à une situation.

Remarque ce qui se passe en toi lorsque tu décides d'inspirer profondément. Tu fermes la bouche et tu laisses entrer une bonne quantité d'air par ton nez. Ton torse se gonfle, tu fais le plein d'énergie vitale puis l'air ressort lentement toujours par ton nez. Tu as fait une pause. Tu n'as pas fait qu'inspirer, tu t'es laissé inspirer. Tu as laissé entrer en toi un moment de paix, de sérénité. Tu as donné une chance à tout ton être de retrouver un rythme plus pacifique grâce à cette intrusion volontaire. Et c'est là toute la puissance du quintile de l'air. Chaque fois que tu te laisses imprégner par une nouvelle connaissance, une nouvelle découverte, tu es en pleine harmonie avec le quintile de l'air.

Dans ton *Parcours*, le quintile de l'air, c'est celui de la connaissance. Apprendre, c'est laisser entrer en soi de nouvelles notions qui viendront bouleverser d'anciens paradigmes, qui iront parfois même jusqu'à les détruire. Il faut donc une bonne dose de courage pour vivre pleinement le quintile de l'air. Remarque à quel point tu te fermes lorsque tu dois affronter des images ou des notions qui te dérangent. Tu arrêtes tout simplement de respirer. C'est un réflexe de protection pour éviter que ces éléments incompatibles avec tes valeurs n'imprègnent tout ton être. Mais, ne sommes-nous pas tous continuellement assaillis d'éléments et d'événements qui sont source de stress ? Or cesser de respirer comporte de très grands risques. Celui qui retient continuellement son souffle, source ultime de vie, commence à ressentir de fortes angoisses qui peuvent mener éventuellement à des sensations irrationnelles de panique. Forcément, puisqu'arrêter de respirer, c'est arrêter de vivre.

La plupart d'entre nous sont à bout de souffle. Pour poursuivre de façon harmonieuse ton *Parcours*, tu dois réapprendre à respirer, à t'aligner sur le quintile de l'air.

🜁

Apprendre à respirer, c'est apprendre à se laisser transpercer, traverser par ce qui est extérieur et intérieur à soi. Comme le symbole du quintile de l'air l'indique, respirer, faire un avec l'air, t'amène à t'élever et à dépasser ton axe central, ton repère initial. Trouver ton point d'air, c'est trouver la place qu'occupe la *spiritualité* dans ton quotidien ou dans ta recherche à travers ton *Parcours*. Ici, le terme *spiritualité* est utilisé dans le sens de relatif à l'esprit et non pas dans le sens de religion. D'ailleurs, le mot *spirituel* vient de la racine latine *spir* qui signifie le « souffle » comme dans *spirare* qui se traduit par « souffler ». En latin, *spiritualis* signifie « relatif au souffle ». Nous pourrions dire, ici, « relatif au quintile de l'air ». Encore une fois, tu peux constater que le savoir ancien renferme des trésors de sagesse qui dorment dans notre connaissance collective et qui ne demandent qu'à remonter à la surface. Ton grand-père ne t'a-t-il jamais dit : « Prends le temps de souffler »? En d'autres mots, reconnecte-toi à l'aspect spirituel de ta personne.

C'est dans ces moments que tu trouveras ton point d'air. Trouver son point d'air se fait principalement par exploration. Ton point d'air n'est pas un lieu, mais bien un état d'âme qui se manifeste spontanément en fonction de divers facteurs. Ceux-ci sont souvent reliés aux autres quintiles. Sois attentif à ces moments où tu te sens particulièrement bien, à ces journées ou à ces parties de journées où la vie semble plus douce, plus simple qu'à l'accoutumée, à ces instants où le ciel semble plus clair, où l'existence semble plus facile. Durant ces moments, tu es en communion avec ton point d'air. Autrement dit, tu vis un moment d'élévation, de rencontre avec l'aspect aérien, spirituel de ta personne et il ne te reste qu'à analyser ces moments pour y déceler ce qui les accompagne et bien les identifier. Ce sont des moments de bonheur, de paix, d'élévation. Ils devraient donc être faciles à reconnaître.

Comme je te le disais plus tôt, ils sont habituellement reliés aux autres quintiles. Donc, ils peuvent se produire lors des moments suivants :

- inspiration (quintile de l'eau);
- création (quintile de la terre);
- amour ou affrontement d'une nouvelle réalité (quintile du feu);
- apprentissage vital (quintile de l'air).

Cependant, ils peuvent aussi se produire à tout autre moment de grâce que la vie t'apporte.

La découverte de ton point d'air te mettra en contact avec une sensation de plénitude que tu seras en mesure d'identifier, d'apprivoiser et éventuellement de recréer à volonté après quelque temps. Lorsque cela t'arrive, inspire profondément, fixe ce moment et cette sensation dans toute ta personne. Donne-lui une couleur, un son, une odeur, un nom. Intègre-la. Produis cet outil qui te permettra de te lier à cette sensation de félicité et d'y retourner à volonté par ce qui ressemble à un souvenir, mais un souvenir provoqué, volontairement amplifié. On nomme cette expérience « Appeler son point d'air ». C'est un outil fort efficace dans ton *Parcours*, car ce faisant, tu seras en mesure de contrôler et de remplacer ta réponse à divers stimulus qui pourraient provoquer en toi de la colère, de la peur ou tout autre sentiment qui te ferait perdre le contact avec l'essence même de ce que tu es profondément. En ayant accès à ton point d'air, en appelant ton point d'air, une seule inspiration te reconnectera à ce qu'il y a de meilleur en toi et te permettra de retrouver un état personnel et unique de plénitude pour affronter les moments ardus et intenses de ta vie avec toutes les ressources dont tu disposes. C'est la puissance du quintile de l'air.

A

Le quintile de l'air, c'est celui de l'apprentissage. As-tu appris à apprendre ?

Voici la méthode que le quintile de l'air t'enseigne. Lorsque tu affrontes une nouvelle notion, reçois-la comme une nouvelle odeur, un parfum différent. Ne te ferme pas à celle-ci plus que tu ne le ferais si tu décelais une fragrance inconnue dans l'air de ta maison. Si cela t'arrivait, tu humerais à fond pour en découvrir la provenance, tu chercherais sa source puis sans doute ses ressemblances sans pour autant te sentir menacé. Tu continuerais à la laisser entrer en toi jusqu'au moment où tu pourrais l'évaluer et définir si elle comporte un élément de risque ou de plaisir pour ton environnement.

Toutes nouvelles connaissances changent l'arôme de ta vie et ce n'est qu'après avoir été réellement mis en contact avec celles-ci, après les avoir reçues avec calme et sans crainte inutile que tu pourras décider de la place que doit occuper ce bagage dans ta vie.

Tout savoir n'a pas le même poids ou la même importance, cela va de soi. Tu dois faire preuve de discernement. Mais comment y arriver si l'attitude première par rapport à la nouveauté est la fermeture ? C'est l'ouverture d'esprit qui permet la paix entre les individus et les peuples. C'est ce même accueil de la nouveauté qui trace la voie à la philosophie et aux grandes et petites inventions. Pour être en harmonie avec le quintile de l'air, tu dois accepter d'être maintes fois surpris et agréablement charmé par ce qui est différent de toi, différent en toi.

Le quintile de l'air, c'est celui de l'accueil. L'accueil de nouvelles notions, l'accueil que tu réserves aux autres et l'accueil que tu t'accordes dans ton changement continu à travers ce *Parcours*, ton *Parcours.* Rappelle-toi que le savant cumule des connaissances tandis que le sage se laisse imprégner par celles-ci.

Le pouvoir du quintile de l'air, c'est celui de l'apprentissage, de l'élévation et de la spiritualité qui s'expriment et se propagent grâce à ta capacité d'accueil.

A

L'air – l'olfaction – le nez

Le pouvoir de l'apprentissage, de la spiritualité et de l'accueil

A

TES REPÈRES

dans le quintile de l'air

- Pense à respirer.
- Trouve ton point d'air.
- Sois attentif à ces moments où tu te sens particulièrement bien.
- Apprends à apprendre.
- Toute nouvelle connaissance change l'arôme de ta vie.
- Accepte d'être maintes fois surpris.
- Laisse-toi imprégner par de nouvelles connaissances.

A

L'air – l'olfaction – le nez
Le pouvoir de l'apprentissage,
de la spiritualité et de l'accueil

CINQUIÈME ET DERNIER QUINTILE

Le temps – le rythme – les oreilles

CINQUIÈME ET DERNIER QUINTILE

Le temps – le rythme – les oreilles

Tu en es déjà au cinquième et dernier quintile. Ton *Parcours* a déjà pris sa direction, unique et toute personnelle. Il est primordial que tu aies franchi tes quatre premiers quintiles avec sérénité pour être en mesure de bien intégrer celui-ci. Il faut prendre le temps nécessaire pour franchir le quintile du temps.

Nous n'aborderons pas le temps, ici, dans son principe de durée linéaire. La durée n'est qu'une illusion relative à l'observateur. Pour l'insecte qui ne vit qu'un jour, vingt-quatre heures, c'est une éternité. Il y a deux cents ans, un homme était vieux à cinquante ans. Aujourd'hui, il est dans la force de l'âge. Le passage du temps est donc relatif à celui qui en est témoin et au contexte dans lequel celui-ci évolue. Je te propose plutôt d'aborder le temps à travers sa dimension de rythme, de tempo.

Nous vivons tous à une cadence folle. Tes moments d'arrêt sont sans doute rares, voire inexistants. Perdu dans la course de ton quotidien, tu fais violence à ton rythme intérieur, car, avec le temps, la donne a changé.

À notre époque de communications haute vitesse omniprésentes, on t'assaille désormais d'un nouveau message, d'un nouvel idéal, qui te pousse toujours à en faire et à en vouloir plus. Si, auparavant, ce message était « Quand on veut, on peut », celui-ci s'est transformé en « Quand on peut, on *doit* »! Car la notion de normes extérieures s'est écroulée. Aujourd'hui, personne ne se sent contraint par un ensemble de lois morales ou religieuses ou même sociétales. Nous avons délaissé l'ensemble des institutions auxquelles les individus se référaient pour établir des normes. C'est ce que l'on appelle la « perte des repères ».

Auparavant, la vie au quotidien nous imposait ses pauses. L'homme vivant de la terre devait suivre le rythme des moissons, ce qui délimitait les moments de repos ou de travail. Les religions imposaient des arrêts temporels, comme le sabbat ou la fermeture des commerces le dimanche, ce qui créait des moments privilégiés qui encourageaient et renforçaient les liens sociaux et familiaux. Antérieurement, un individu pouvait s'en remettre aux attentes de sa famille, de son Église, de son pays ou de toute autre institution à laquelle il adhérait pour définir ses objectifs de vie et se reposait sur ces attentes pour établir ses critères de réussite personnelle. Aujourd'hui, il n'y a plus qu'une seule norme, soi-même. On t'invite à être ta propre norme, à incarner ultimement ce que tu dois dépasser. Et cette invite au dépassement continuel de toi t'entraîne dans un rythme surhumain qui n'a, à proprement parler, aucune limite. Selon ce nouveau précepte, si tu *peux* être un parent et un conjoint exceptionnel, dans une forme exceptionnelle, avec un revenu, une carrière et des avoirs exceptionnels, tout en ayant des relations interpersonnelles exceptionnelles et ultimement en vivant un bonheur exceptionnel, tu te *dois* d'y accéder, car tu es ton ultime limite que tu peux toujours dépasser.

Du moins, c'est ce que la culture collective actuelle tente, à tort, de te faire croire! Personne, non, personne ne peut soutenir ce rythme qui nous est proposé comme modèle ultime de vie. Personne. C'est faire violence au quintile du temps. En conséquence, notre société tout entière est en dépression. Cette obsession du dépassement à tout prix crée une anxiété sociétale généralisée et une impression d'impuissance *globale* qui nous font perdre confiance en nous-mêmes et en nos institutions, ce qui entraîne un sentiment généralisé de solitude, car chacun croit qu'il est le seul à ne pas réussir à atteindre cet idéal absurde.

Il est donc essentiel de reprendre contact avec le ne-rien-faire. Il est impératif de briser ce rythme pour retrouver l'équilibre et se réaligner sur le quintile du temps. Il est impossible pour l'être humain de toujours vivre et agir intensément. Même les condamnés à mort et les malades en phase terminale s'adonnent à des activités insipides comme faire un jeu de patience ou perdre leur temps à regarder une émission de télé soporifique. Le fait de perdre notre temps nous donne l'illusion d'avoir une certaine emprise sur lui. C'est dans tes moments d'inutilité que tu puises l'énergie et l'inspiration qui te feront vivre tes moments les plus intenses. C'est en sachant arrêter que l'esprit se donne de la vivacité. Nul ne peut être continuellement performant. L'inutile est essentiel.

Rares sont ceux qui choisissent le comment de leur mort et, si cela se produit, c'est généralement dans un contexte hautement dramatique. Mais nous pouvons tous choisir le comment de notre vie et ce choix passe inexorablement par la prise de conscience du rythme de vie que nous nous imposons. Tu peux choisir ton rythme de vie. Nous vivons tous et toutes comme si nous étions immortels, percevant la mort comme une fatalité qui fera exception dans notre cas. L'éventualité de notre propre trépas ne fait pas véritablement partie de notre vie. Ce manque de proximité avec la mort nous fait parfois craindre toute forme d'arrêt, ce qui nous pousse dans cette perpétuelle et absurde fuite en avant. Mais, je le répète, tu peux choisir ton rythme de vie. L'arrêt n'a rien à voir avec la mort. Au contraire. Prendre une pause, briser volontairement le rythme, c'est se donner le temps de vivre.

Nous apprendrons donc ensemble à ne rien faire pour pouvoir nous aligner sur le moment présent. C'est un exercice difficile, car il implique un détachement par rapport à un paradigme fortement ancré dans notre inconscient collectif, celui de la performance. Celui qui ne fait rien « inquiète ». Tu pourras le constater lorsque tu seras surpris par les gens de ton entourage à ne rien faire. On te posera des questions, on s'inquiétera de ta santé ou de ton état. Ne rien faire semble illogique et est directement rattaché au silence. Or le silence fait peur. La réaction habituelle à l'absence d'action est de créer du bruit pour combler ce silence. Tu ouvres la télé, ton ordinateur ou la radio. Le silence du ne-rien-faire met mal à l'aise, alors on le meuble avec un simulacre d'activité.

Comme tu peux le constater, l'ouïe est le sens rattaché au quintile du temps et c'est le seul de nos sens qui soit continuellement sollicité. Le sens de l'ouïe rejoint la notion de temps dans sa perpétuité. Le silence n'existe pas naturellement. Tu peux fermer les yeux et ne rien voir, ne déceler aucune odeur ou saveur particulière et ne ressentir à peu près rien sauf le poids de ton corps dans ta position du moment. Par contre, il y aura toujours des sons qui viendront stimuler ton ouïe. Ce peut être les sons de ton corps, comme ta respiration ou les battements de ton cœur, le vent qui fait bouger les arbres ou les bruits de la ville. Quoi que tu fasses, où que tu ailles, ton ouïe sera toujours sollicitée. Elle te rappelle le rythme de la vie, de ta vie.

Pour t'unir au quintile du temps et apprendre à te fixer au présent, nous utiliserons ces sons omniprésents comme outils de centration. Je t'invite à te rendre à ton point d'eau si cela t'est possible ou encore à choisir un endroit paisible où tu pourras pratiquer cet exercice.

Installe-toi le plus confortablement possible dans un endroit paisible où tu ne seras pas dérangé. Choisis le lieu le plus silencieux qui soit. Ferme les yeux et inspire comme tu l'as appris dans le quintile de l'air. Reste dans cette position une ou deux minutes. Ne fais rien. Ne pense à rien de spécifique. Laisse aller ton esprit. Puis, quand tu te sentiras détendu, écoute! Écoute les petits bruits qui t'entourent. Plutôt que de laisser vagabonder tes pensées, centre-toi sur les sons de ton microcosme. Idéalement, tu devrais arriver à identifier trois sons. Cherche-les. Nomme-les et concentre ta pensée sur ceux-ci. Tente de rester accroché à cet environnement sonore. S'il y a plus de trois sons, élimine les autres mentalement. Ne reste accroché qu'aux trois sons qui t'apparaissent comme fondamentaux.

Une fois bien concentré sur tes trois sons, essaye de déceler leur rythme. Trouve la cadence, le tempo qui fait vivre ton monde, ton milieu. Écoute le rythme de ton quintile du temps. C'est le rythme initial de la vie, de ta vie. En découvrant ce rythme, tu te mets directement en phase avec le quintile du temps. Il est possible que tu aies de la difficulté à y arriver les premières fois. Ça ne fait rien. Je te l'ai déjà dit, il faut prendre le temps nécessaire pour franchir le quintile du temps.

Après deux ou trois essais, ce rythme t'apparaîtra tout naturellement et tu découvriras que, ce faisant, tu as passé plusieurs minutes à ne rien faire. Remarque à quel point tu te sens plus léger, plus reposé. Constate la vivacité de ton esprit, la clarté de vision que tu acquiers. Et ce n'est que le début de cette fabuleuse découverte du quintile du temps. En brisant le rythme qui t'a toujours été imposé et en prenant conscience de ton propre tempo, tu viens de franchir une étape cruciale de ton *Parcours.*

Au fil des exercices, tu pourras non seulement écouter ton rythme, mais aussi le ralentir. Compte les pulsations qu'émettent tes trois sons par groupe de quatre battements puis concentre-toi à en ralentir le rythme. Tu verras qu'en ralentissant ce rythme, tu en éprouveras chaque fois plus de bénéfices.

Tu as l'impression de perdre la notion du temps lorsque tu pratiques cet exercice ? C'est très bien. Ça signifie que tu y prends plaisir. On ne perd la notion du temps que lors des activités ludiques : faire l'amour, voir un bon spectacle, prendre un repas exceptionnel, être en excellente compagnie… Toutes ces activités sont liées à d'intenses émotions physiques positives. C'est en nous rapprochant au maximum de notre aspect charnel que nous oublions la notion de durée et c'est en trouvant le rythme qui t'anime que tu t'appropries ton temps. Si tu perds la notion du temps durant l'exercice, c'est que tu prends un plaisir réel à cheminer à travers ton *Parcours*, c'est que tu prends un plaisir réel à être finalement avec toi-même.

Cet exercice n'a pas de limites de temps. Il peut durer de cinq minutes à plusieurs heures. À toi de définir ton besoin.

Outre le repos de l'esprit, l'exercice du quintile du temps te fera découvrir toutes sortes de choses. Laisse ce savoir t'atteindre, il n'est que l'expression du quintile de l'air à travers ta centration. D'ailleurs, grâce à ton imagination, tu peux transformer cet exercice à ta guise au fil des quintiles. Centre-toi plutôt sur trois saveurs et laisse le quintile de l'eau te parler. Identifie trois textures sur lesquelles te concentrer et pars à la rencontre du quintile de la terre. Prends cet arrêt du temps pour projeter de l'amour et te remplir de son feu ou concentre-toi sur les trois plus belles images de ta vie et voyage à travers le quintile du feu. Trouve trois odeurs ou trois idées nouvellement apparues dans ta vie, et c'est le quintile de l'air qui t'animera dans ton exercice de centration.

Si certains quintiles t'ont donné plus de fil à retordre ou si tu les possèdes moins, retournes-y. Cependant, rappelle-toi que rien ne presse et que la connaissance du *Parcours* fera son chemin petit à petit à travers toi.

Tu as maintenant la capacité de te centrer sur ce qui te convient, sur l'être humain unique que tu deviens ou sur ce que tu désires approfondir ultimement puisque tu maîtrises désormais le quintile du temps et que tu as complété la première exploration de ton *Parcours.*

Je te parle de l'exploration, de la première exploration de ton *Parcours*, car il serait puéril de prétendre que la simple lecture de ces quelques pages t'ait apporté toute la sagesse du *Parcours.* Tu devras y retourner et y retourner souvent et te laisser guider à travers les exercices de chaque quintile. Ces exercices te sont transmis pour que tu les fasses et non pas seulement pour que tu les lises.

De façon à donner une nouvelle naissance au rythme de ta vie, je t'invite à reprendre la lecture et la pratique de cet ouvrage, quintile par quintile, en te donnant chaque fois dix jours de réflexion entre chaque quintile. Pourquoi dix jours ? Pour briser le rythme des semaines et te donner le temps de te laisser imprégner par la connaissance inhérente à chaque quintile. Tu pourras ainsi explorer à nouveau ton *Parcours* dans un cycle de cinquante jours, non linéaire, avec des lectures qui ne se feront jamais le même jour de la semaine.

Brise ton rythme, écoute le chant de chaque quintile. Vois ce que tu en retires de nouveau à cette deuxième lecture. Laisse-toi imprégner par le parfum de chaque quintile, à nouveau. Fais en sorte que cette exploration soit toujours nouvelle, qu'elle t'enseigne une partie inexplorée de ta connaissance, car, je te l'ai dit dès le départ, la science du *Parcours* est déjà toute en toi et ne demande qu'à être découverte.

Le quintile du temps unit tous les autres quintiles. C'est pourquoi il forme le centre de la symbolique du *Parcours.* Il est le début et la fin de tout, l'éternel recommencement, car le *Parcours*, ton *Parcours*, n'a pas de fin. Imagine-le comme une démarche latérale dans un plan vertical. Il n'est ni au début ni à la fin. Il s'épanouit sur un autre plan, en continuité avec le rythme de ta vie, en perpétuelle résurrection.

Le temps – le rythme – les oreilles
Le pouvoir de trouver son rythme,
de redéfinir ses attentes et de centrer sa vie

TES REPÈRES

dans le quintile du temps

- Il faut prendre le temps nécessaire pour franchir le quintile du temps.
- Refuse le mythe du dépassement continuel.
- Brise le rythme et prends contact avec le ne-rien-faire.
- L'inutile est essentiel.
- Tu peux choisir ton rythme de vie.
- Apprends à identifier tes trois sons, à te centrer.
- Le quintile du temps unit tous les autres quintiles.

Le temps – le rythme – les oreilles
Le pouvoir de trouver son rythme,
de redéfinir ses attentes et de centrer sa vie

ÉPILOGUE

Avant de te quitter, j'aimerais te demander deux choses. La première, c'est d'aller, à nouveau, te voir dans le miroir. Regarde-toi dans la glace maintenant que tu as franchi une première fois le *Parcours.* Qui vois-tu aujourd'hui ? En quoi cette personne est-elle différente de celle que tu étais au début de ton *Parcours* ? Et si tu avais à te nommer à nouveau, à te décrire, à définir le message que ton image projette. En quoi est-ce différent ? Remarque à quel point la connaissance et le savoir se reflètent dans ton regard, dans ton attitude. Chaque pas vers la sagesse laisse ses traces et l'approfondissement de la science des quintiles marque notre image à tout jamais. L'équilibre se remarque et tout ton *Parcours* transparaît à travers ton langage non verbal. Le travail que tu as accompli tout au long de ce livre ne peut être dissimulé. Si *Le Parcours* a réussi à te rendre plus heureux, à te rapprocher de toi-même, ce bonheur illuminera ton visage et toute ta personne. Et j'aurai accompli mon *Parcours*, moi aussi.

En second lieu, j'aimerais t'inviter à partager *Le Parcours.* Parle à ceux qui t'entourent de l'expérience que tu as vécue. Initie-les aux différents quintiles et à l'impact qu'ils ont sur notre vie quotidienne. Il n'y a pas meilleure façon de posséder une connaissance que de la partager. Fais-leur part de ce qui a changé en toi, de ce qui t'a changé. De toute façon, ton entourage remarquera qu'il s'est passé quelque chose dans ta vie et le bonheur a une force attractive puissante.

Le Parcours est un livre de petit format et c'est tout à fait intentionnel. De cette façon, tu peux l'avoir toujours avec toi, le consulter, y inscrire des notes et revenir à un quintile ou à un autre. J'ai aussi voulu qu'il soit abordable de façon à ce que son prix ne soit jamais un obstacle à son acquisition.

Que *Le Parcours* t'accompagne et qu'il accompagne ceux que tu aimes!

Tu peux rejoindre l'auteur via son site internet au www.robertbrisebois.com

LA SYMBOLIQUE DES QUINTILES

Chaque quintile a un symbole spécifique qui a été créé dans le but de guider ton passage à travers celui-ci. Il est un rappel imagé de la force et de la subtilité de chaque quintile qui forme *Le Parcours.* Facile à dessiner, facile à reproduire, tu pourras tracer chacun de ces symboles là où tu le jugeras utile en guise de rappel de ta démarche à travers ton *Parcours.*

PREMIER QUINTILE

L'eau – le sens du goût – la parole

Malgré toute sa complexité, le symbole de l'eau est représenté par la lettre O. Un simple son. Probablement l'un des premiers sons qu'ait articulé l'homme au début du langage. L'eau rejoint tout ce qui est primordial, tout ce qui a un lien avec le commencement, le début.

Ce O est également une sphère symbolisant la planète dans sa totalité ou encore le cycle de l'eau, de la vie. Il est traversé en son tiers supérieur par un trait horizontal; c'est la ligne de flottaison. Cette ligne nous rappelle que sous toute connaissance acquise se trouve une partie dissimulée deux fois plus volumineuse que celle de surface et qui demeure à découvrir.

Le quintile de l'eau nous invite à transcender la vision de surface. Sa ligne de flottaison nous rappelle aussi que le quintile de l'eau est un quintile d'équilibre et qu'il est possible d'émerger avec stabilité de situations chargées grâce à un réalignement de celui-ci.

L'eau – le sens du goût – la parole
Le pouvoir de créer et de transmettre

DEUXIÈME QUINTILE

La terre – le sens tactile – les mains

Le quintile de la terre est symbolisé par un T stylisé auquel on a ajouté une seconde barre horizontale de façon à lui donner vaguement l'apparence d'un arbre. Ses deux lignes horizontales nous rappellent aussi qu'il s'agit du deuxième quintile. L'arbre est l'élément qui unit tout le quintile de la terre, de sa cime à ses racines. Sa verticalité nous invite à la croissance et au dépassement; elle nous incite à aller plus haut pour voir plus loin.

Nous pouvons aussi y voir un tracé perpendiculaire aux sillons tracés d'avance par la vie nous incitant à être différents, voire rebelles, dans la direction que nous déciderons de donner à notre cheminement.

La terre – le sens tactile – les mains
Le pouvoir de la régénération et du réconfort

F

TROISIÈME QUINTILE

Le feu – la vue – les yeux

Le quintile du feu est symbolisé par un **F** à trois branches qui pourrait aussi être un chandelier stylisé. Ces trois branches représentent les trois feux qui vivent en toi; le feu de l'esprit, le feu du corps et le feu du cœur. Tu dois être à l'écoute de tes trois feux, car ils font partie intégrante de ta personne et sont source d'enseignement, particulièrement en ce qui motive tes actions.

Il est facile de se perdre dans le quintile du feu et de croire qu'un feu a plus de valeur qu'un autre. Le symbole du quintile du feu te rappelle que ces trois flammes partent d'une même source et qu'elles ne sont que trois expressions d'une même volonté de croître.

Le feu – la vision – les yeux
Le pouvoir de la vérité, de la beauté et de l'amour

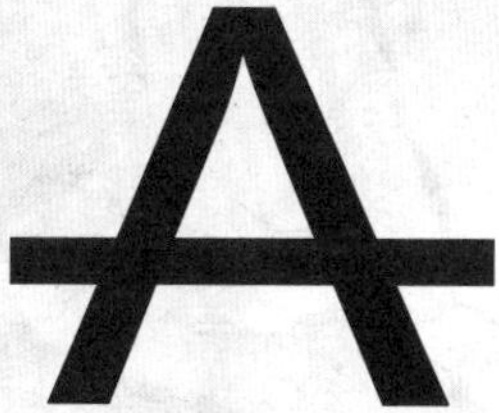

QUATRIÈME QUINTILE

L'air – l'olfaction – le nez

Le quintile de l'air est représenté par un A tout à fait unique dont la barre transversale dépasse ses limites habituelles. C'est aussi deux droites qui se rencontrent en pointant vers l'infini après avoir traversé une ligne qui symbolise ce que nous hésitons habituellement à franchir.

C'est un symbole d'élévation qui te démontre que le changement, aussi radical soit-il, peut se faire sans transformations physiques très apparentes ; ce A ressemble toujours à un A, même s'il est bien plus qu'un simple A.

L'air – l'olfaction – le nez
Le pouvoir de l'apprentissage,
de la spiritualité et de l'accueil

CINQUIÈME QUINTILE

Le temps – le rythme – les oreilles

Le symbole du quintile du temps est assurément le plus complexe d'entre tous. Il représente un cercle discontinu qui te rappelle que le temps n'est pas nécessairement une course infinie dont tu es prisonnier. Ce cercle est entrecoupé du T du tempo pour que tu gardes en mémoire que ta seule façon d'avoir une emprise sur le temps, c'est de contrôler le rythme que tu donnes à ta vie. C'est le tempo, le rythme qui brise le cercle et qui te donne une ouverture sur une multitude de choix d'infinis, tous à ta portée grâce à la centration à travers chacun des quintiles.

Le temps – le rythme – les oreilles
Le pouvoir de trouver son rythme,
de redéfinir ses attentes et de centrer sa vie

NOTES PERSONNELLES SUR L'EAU

Ce que j'ai appris :

Ce que je désire transmettre :

Mes acquis :

NOTES PERSONNELLES SUR LA TERRE

Ce que j'ai appris :

Ce que je désire transmettre :

Mes acquis :

NOTES PERSONNELLES SUR LE FEU

Ce que j'ai appris:

Ce que je désire transmettre:

Mes acquis:

NOTES PERSONNELLES SUR L'AIR

Ce que j'ai appris :

Ce que je désire transmettre :

Mes acquis :

NOTES PERSONNELLES SUR LE TEMPS

Ce que j'ai appris:

Ce que je désire transmettre:

Mes acquis:

MARQUIS

Québec, Canada

MIXTE
Papier issu de
sources responsables
FSC® C103567
FSC
www.fsc.org